W0472484

Melanie Schüer

Wie viel NEIN muss sein?

Liebevoll Grenzen setzen

ElternLeben.de

MIX
Papier aus verantwortungsvollen Quellen
FSC® C084698

Der Inhalt dieses Buches ist bereits in ähnlicher Form als Handbuch mit dem Titel „Liebevoll Grenzen setzen. Für Eltern von Kindern zwischen 1 und 5 Jahren" von ElternLeben.de erschienen.

1. Auflage
© 2022 Verlag Friedrich Oetinger GmbH,
Max-Brauer-Allee 34, 22765 Hamburg
migo im Verlag Friedrich Oetinger, Hamburg
Alle Rechte vorbehalten.

© Herausgeber: ElternLeben.de.
Ein Angebot der wellcome gGmbH. Hoheluftchaussee 95, 20253 Hamburg
© Text: Melanie Schüer

Reihengestaltung und Satz: Greta Gröttrup, www.gretagroettrup.de
Lektorat: Steffi Korda, Büro für Kinder- & Erwachsenenliteratur, Hamburg
Druck: PNB Print Ltd, "Jansili", Silakrogs, Ropazu novads, LV-2133, Lettland
Printed 2022
ISBN 978-3-96846-081-9

www.migo-verlag.de

Inhaltsverzeichnis

Einleitung

Vom Sinn und Unsinn der Disziplin

„Kinder brauchen Grenzen", meint der Erziehungswissenschaftler Jan Uwe Rogge in seinem gleichnamigen Klassiker. „Kindheit ohne Strafen" fordert die einstige „Super-Nanny" Katharina Saalfrank. Eltern, die im Alltag ihrem trotzenden Kind gegenüberstehen, sind hin- und hergerissen zwischen den scheinbar gegensätzlichen Ansätzen der Erziehungsexpertinnen und -experten und fragen sich, welcher Weg zwischen liebevoller Zuwendung und klarer Ordnung der richtige sein könnte.

Einerseits wollen wir, dass unsere Kinder, wenn sie an ihre Kindheit zurückdenken, sich vor allem an Freiheit, Liebe und Glück erinnern und weniger an Strafen und strenge Regeln. Andererseits wollen wir nicht, dass unsere Kinder, wie oft prophezeit, zu egoistischen Tyrannen werden. Denn ein gewisses Maß an Disziplin muss doch schließlich sein, oder nicht?

Ja, Disziplin muss sein – entscheidend ist aber, was man darunter versteht. Viele assoziieren mit diesem Wort Härte, Strenge

und Strafen. Mit der ursprünglichen Wortbedeutung hat das jedoch nichts zu tun: Das Wort „disciplinare“ stammt aus dem Lateinischen und bedeutet „jemanden etwas lehren“. Der eigentliche Zweck der Disziplin ist es also, jemandem etwas beizubringen. Es geht nicht darum, sich unterzuordnen oder lernen zu gehorchen. Es geht auch nicht um Anpassung an bestehende Strukturen. Im Gegenteil, Disziplin bedeutet erst einmal, dass die erwachsene Generation der heranwachsenden etwas beibringt. So verstanden ist Disziplin nur ein anderer Begriff für Erziehung.

Daraus ergibt sich unmittelbar die Frage nach unseren Werten und Erziehungszielen: Wie wichtig ist uns Freiheit, Selbstbestimmung und Eigenverantwortung? Oder legen wir mehr Wert darauf, dass unsere Kinder lernen, Rücksicht zu nehmen, pflichtbewusst zu handeln und Regeln einzuhalten? Das sind Abwägungen, die diskutiert werden können und sollten. Die Entscheidung darüber steht allen Eltern frei. Aber es tut gut, die eigenen Werte immer mal wieder zu reflektieren und auf den Prüfstand zu stellen, um dann sicher zu sein, was wir selbst und unsere Partnerin oder unser Partner wollen, damit wir im Erziehungsalltag auch wirklich dahinterstehen können.

Für die meisten Eltern gibt es kein Entweder-oder: Sie wollen nicht nur Freiheit für ihre Kinder, sondern dass diese sich weitgehend selbstbestimmt entfalten können, aber auch die Bedürfnisse anderer im Blick haben. Oder dass die Kinder die elterliche Weltanschauung und Prinzipien kennen und schätzen lernen, aber gleichzeitig in der Lage sind, sich eine eigene

Meinung zu bilden. Das ist gut so, denn die Welt ist nicht schwarz-weiß. Tatsächlich zeigen Studien, dass genau dieses „Mittelding“ zwischen Regeln und Grenzen auf der einen Seite und liebevoller Zuwendung und Mitbestimmung auf der anderen die beste Grundlage für eine gute kindliche Entwicklung schafft. Dieser Erziehungsstil wird auch als „autoritativ“ bezeichnet: Eltern nehmen Einfluss, machen klare Aussagen und zeigen Grenzen auf, geben ihrem Kind aber gleichzeitig viel Liebe und Geborgenheit und beziehen es in Entscheidungen mit ein. Wenn Kinder so erzogen werden, das zeigt die Forschung, geht es ihnen viel besser, als wenn Eltern entweder alles vorgeben und mit viel Strenge, aber wenig Liebe erziehen – also einen autoritären Erziehungsstil pflegen –, oder die Kinder zwar liebevoll behandeln, aber sie einfach alles selbst entscheiden lassen und sie antiautoritär erziehen. Die schlimmsten Folgen jedoch zieht der vernachlässigende Erziehungsstil nach sich. Hier bekommen Kinder nur sehr wenig Liebe und Aufmerksamkeit, und gleichzeitig lernen sie auch keine Regeln kennen.

Wenn wir Eltern uns also nicht so recht entscheiden können, auf welcher Seite wir stehen – „Lass dein Kind doch einfach machen, lass es sich frei entfalten“ oder „Kinder brauchen klare Strukturen, und Strafe muss sein!“ –, dann sind wir auf dem goldrichtigen Weg. Denn beide Haltungen sind

Extreme, die dem Kind nicht guttun. Manchmal im Leben sind Mittelwege faule Kompromisse. So aber nicht hier: Tatsächlich sollten wir in der Erziehung das Beste aus beiden Welten kombinieren. Das bedeutet, Grenzen sollten keine stumpfen Regeln im Sinne von „weil man das nicht macht“ sein. Stattdessen sollten Eltern sich die Zeit nehmen, sorgfältig zu überlegen: Wo sage ich „Nein“, weil sonst meine Bedürfnisse oder die anderer Menschen verletzt werden? Wo sage ich „Nein“, weil ich mit einem „Ja“ die Sicherheit meines Kindes gefährden würde?

Ganz klar, Eltern sollten ihre Kinder nicht mit übermäßig langen Litaneien „zutexten“. Aber eine kurze, altersgerechte Begründung ist wichtig, damit ein Kind das Verbot oder die Regel verstehen kann. Nur so kann „Disziplin“ im eigentlichen Sinne funktionieren, und wir können den Kindern wirklich etwas beibringen. Nur so können sie begreifen, warum Grenzen da sind und wozu sie nötig sind. Aber Vorsicht! Das bedeutet nicht, dass die Kinder diese gut finden müssen. Denn auch das ist eine wichtige Aufgabe von uns Eltern: den Frust unserer Kinder, wenn sie an eine Grenze stoßen, zuzulassen, ihnen zu erlauben, wütend zu sein, und sie mit Ruhe, Anteilnahme und Klarheit durch diese Wut zu begleiten.

Ohne Grenzen geht es nicht. Doch Grenzen können, ja *sollen* sogar liebevoll gesetzt werden. Und dazu – da hat die „Super-Nanny" recht – brauchen wir keine Strafen.

Euer ElternLeben.de-Expert*innen-Team

1. „Ich will aber"

WAS DER EIGENE WILLE FÜR KINDER BEDEUTET

„Früher konnte ich meinen Sohn immer schnell ablenken, wenn er etwas machte, das ich nicht wollte. Aber jetzt klappt das nicht mehr – er hat einen richtigen Dickkopf entwickelt!"

Im Alter von etwa 12 bis 18 Monaten beginnt ein Prozess, der das Leben des Kleinkindes stark verändert: Es spürt immer deutlicher, was es will und was nicht, und das, was es will, das **will es auch!** Weil es seinen Willen entdeckt, ist das Kleinkind schnell frustriert, wenn es etwas nicht darf oder etwas nicht funktioniert. Denn gleichzeitig kann es viele Begrenzungen noch nicht verstehen: Wo ist denn das Problem, wenn es die Schublade ausräumt oder mit der Blumenerde spielt? Da können Mama und Papa noch so viel erklären – die Begründungen für die unliebsamen

Grenzen übersteigen den kindlichen Verstand noch deutlich. Oft hilft es da nur, den Frust auszuhalten, Trost zu spenden und, wenn möglich, Alternativen anzubieten („Das geht nicht, aber dafür können wir das machen“).

Gegen Ende des zweiten Lebensjahres entdecken Kinder sich im Spiegel – sie verstehen, dass ihnen da kein anderes Kind entgegenlächelt, sondern dass sie sich selbst erblicken. Dadurch wird die Entwicklung des Ich-Bewusstseins beflügelt. Das Kind weiß nun, dass es eine eigene Persönlichkeit ist, die anderes wollen kann als seine Eltern, dass es ein ganz eigener Mensch mit eigenen Wünschen, Interessen und Fähigkeiten ist.

Deshalb strebt das Kind nun mit aller Kraft nach Selbstbestimmung. Jetzt, da es weiß, was es will, möchte es das auch durchsetzen. Das hat etwas mit Selbstwirksamkeit zu tun – die Überzeugung, dass man die Ziele, die man sich setzt, erreichen kann.

Daher ist es für Kleinkinder so wichtig, ihren eigenen Willen zu spüren und zu versuchen, ihn umzusetzen, und daher sind sie auch so wütend, wenn das nicht geht.

Als Eltern sollten wir also nicht zu oft Nein sagen, sondern gut überlegen, wann das wirklich nötig ist. Wir sollten versuchen, unser Kind in dieser Phase möglichst mitbestimmen zu lassen, und ihm signalisieren: „Ich freue mich mit dir, dass du weißt, was du willst! Und ich gebe dir so viel Freiraum wie möglich, damit du diese Welt entdecken kannst!"

Wenn du zu Hause immer wieder bestimmte Verbote aussprechen musst, dann überlege, ob du die Umgebung verändern kannst. Vielleicht kannst du Dinge, die dein Kind nicht nehmen soll, hoch- oder wegstellen und Schubladen sichern. Ist beispielsweise der Ofen oder Herd in Betrieb, sollte dieser nicht aus den Augen gelassen werden. Auch das Sichern der Kühlschranktür und eine Kindersicherung an der Waschmaschine ist zu empfehlen. Fenster oder Fenstergriffe solltest du sichern. Die Haustür kann abgeschlossen sein, damit dein Kind nicht hinausgelangen kann. Die Toilette mit WC-Stein oder WC-Gel musst du vielleicht mit einer Spezialsicherung absperren. Sowohl persönliche Hygieneartikel und Medizin als auch Reinigungsmittel sollten sich stets außer Reichweite deines Kindes befinden. Die Sicherung von Steckdosen ist meist eine der ersten Maßnahmen, sobald dein Kind beginnt, seine Umgebung zu erforschen.

Notizen

2. Mit dem Kopf durch die Wand

WARUM KLEINKINDER SO WENIG KOMPROMISSBEREIT SIND UND GAR NICHT ANDERS KÖNNEN

„Meine Tochter verhält sich oft so egoistisch. Sie besteht stur auf ihrem eigenen Willen und ist überhaupt nicht bereit, Rücksicht auf andere zu nehmen."

Kleinkinder können sich noch nicht in andere Menschen hineinversetzen. Die Fähigkeit, zu verstehen, dass mein Gegenüber andere Bedürfnisse hat als ich selbst, nennt sich Perspektivübernahme. Diese Fähigkeit entwickeln Kinder erst nach und nach ab einem Alter von etwa vier bis fünf Jahren. Vorher nehmen sie in der Regel an, dass andere Menschen Situationen genauso wahrnehmen und bewerten wie sie selbst.

Deshalb fällt es ihnen extrem schwer, zu verstehen, warum sie etwas nicht dürfen, das sie doch so gern möchten, oder warum sie andere mit ihrem Verhalten stören.

Ihr Denken ist zudem „egozentrisch“: Kleinkinder beziehen alles, was passiert, auf sich selbst, und nehmen sich selbst als Mittelpunkt der Welt wahr. Das bedeutet nicht, dass sie kleine, verwöhnte Egoisten sind. Diese Denkweise ist einfach eine normale Phase der Entwicklung.

Übrigens denken auch ältere Kinder und Jugendliche noch egozentrisch und können sich schlechter in ihr Gegenüber hineinversetzen als Erwachsene. Die Fähigkeit, sich mehr von der eigenen Wahrnehmung zu lösen und die Bedürfnisse und Gefühle anderer gut zu erfassen, entwickelt sich erst langsam – dazu braucht es Zeit, aber auch positive Erfahrungen und gute Vorbilder.

Tatsächlich ist das Gehirn erst mit ungefähr 20 Jahren fertig entwickelt. Das erklärt, warum auch Jugendliche so oft noch „unvernünftig“ und scheinbar „selbstsüchtig“ handeln.

Aufgrund dieser Besonderheiten des kindlichen Gehirns fällt es unseren Kleinen so schwer, Rücksicht zu nehmen und

Kompromisse zu schließen – denn dazu müssten sie begreifen, dass ihre Mitmenschen andere, ebenso wichtige Bedürfnisse haben wie sie selbst.

Notizen

3. Kurzschluss im Gehirn

WARUM KLEINKINDER IHRE WUT NICHT KONTROLLIEREN KÖNNEN UND WIE WIR DAMIT UMGEHEN KÖNNEN

„Wenn mein Sohn einen seiner Wutanfälle hat, ist er wie von Sinnen. Er schlägt um sich, schreit herum, wirft sich auf den Boden und ist überhaupt nicht mehr ansprechbar!“

Wenn Kleinkinder ausrasten, hat man oft den Eindruck, sie haben sich überhaupt nicht mehr im Griff – und genauso ist es auch! Kleinkinder haben noch ganz wenig Impulskontrolle. „Sich zusammenreißen“ ist etwas, das sie einfach noch nicht können. Auch die Selbstregulation, also die Fähigkeit, sich selbst zu beruhigen und starke Gefühle zu bewältigen, ist etwas, das sie nicht beherrschen. Wir Erwachsene verfügen über Fähigkeiten und Techniken wie tiefes Durchatmen, langsam bis zehn zählen, aus dem Raum gehen und frische Luft schnappen oder positive Selbstgespräche führen. Manchmal wenden wir auch keine konkrete Technik an – aber wir haben in uns die Kompetenz, starke Gefühle auszuhalten und zumindest ein wenig herunterzuregeln. Kleinkinder haben diese Möglichkeit nicht. Ihr Gehirn ist dafür noch nicht weit genug entwickelt.

Grundlegende Informationen über das Gehirn von Kindern

Man kann das Gehirn in verschiedene Bereiche unterteilen. Das obere Gehirn ist für vernünftiges, planvolles Handeln zuständig, das untere Gehirn hingegen von Instinkten und Gefühlen gesteuert. Wenn ein Kind geboren wird, ist das untere Gehirn voll entwickelt – Gefühle und Instinkte haben also schon einen sehr starken Einfluss. Das obere Gehirn, die Vernunftzentrale, ist hingegen erst mit etwa 20 Jahren fertig entwickelt und deshalb während der gesamten Kindheit und Jugend deutlich schwächer und störanfälliger als bei Erwachsenen. Sich selbst im Griff zu haben, Gefühle zu kontrollieren und „vernünftig“ zu handeln ist daher für Kinder und Jugendliche viel schwieriger als für Erwachsene. Immer wieder – gerade in Situationen mit starken Emotionen wie Wut – übernimmt das stärkere untere Gehirn die Kontrolle, die Gefühle bestimmen das Handeln.

Das untere Gehirn heißt auch „Reptiliengehirn“, weil auch Reptilien fast ausschließlich instinktgeleitet handeln. Deshalb kommt es bei Kindern so oft zu „Explosionen“. Sie empfinden

Wut, weil sie etwas nicht dürfen, das sie doch so gern möchten. Und dann haben sie nicht die Fähigkeit, sich selbst zu sagen: *Okay, ganz cool bleiben. Da gibt es sicher noch eine andere Lösung.* Nein, diesen Gegenpol zu dem starken Gefühl gibt es noch nicht. Daher werden sie häufig von ihrer Wut, einem besonders starken Gefühl, überflutet. Es ist wie ein Kurzschluss oder auch ein Tornado im Gehirn, den sie selbst nicht aufhalten können.

Eltern sollten sich immer wieder klarmachen: Das Kleinkind steht genauso hilflos wie die Mutter oder der Vater vor seinen eigenen Wutanfällen. Es empfindet diese Situationen selbst als anstrengend und frustrierend und hat sicher keinen Spaß daran! „Vernunft" hat bei solch einem Tornado im Gehirn leider keinen Raum. Das heißt, dem Kind mit guten Argumenten zu kommen und an seine Vernunft zu appellieren, bringt in solchen Momenten rein gar nichts.

Was kannst du stattdessen tun? Hier einige Tipps zum Umgang mit Wutanfällen

- Erst einmal: Für das Kind da sein. Ausprobieren, ob es in den Arm genommen oder gestreichelt werden mag. Wenn nicht, in der Nähe bleiben, ihm sagen: „Es ist okay, ich bin hier bei dir."

- Die Gefühle in Worte fassen. Dem Kind hilft es, wenn ein Erwachsener das, was es gerade fühlt, mit Worten beschreibt: „Ich sehe, dass du wütend bist." Das zeigt dem Kind: Für das, was du da empfindest, gibt es einen Begriff. Es ist also etwas Normales, das du gerade erlebst, auch wenn du den Eindruck hast, nichts mehr unter Kontrolle zu haben.

- Verständnis ausdrücken, aber gleichzeitig bei dem, was dir wichtig ist, bleiben. Zum Beispiel: „Das dreckige Geschirr wird nicht zu dem sauberen gestellt", und dennoch Anteil nehmen an dem, was das Kind empfindet: „Du wolltest das so gern einräumen! Ich verstehe, dass dich das ärgert. Das ist wirklich blöd."

- Kompromisse oder Alternativen suchen. Ab und zu muss man warten, bis der größte Gefühlssturm vorübergezogen ist. Aber manchmal kann man ihn auch noch abwenden: „Das geht nicht, aber dafür kannst du ..."

- Das Weinen aushalten und erlauben. Weinen, Toben und Schreien kann guttun! Kleinkinder können ihre Gefühle nicht in Worte fassen. Sie können uns nicht im Detail erzählen, wie blöd es heute war, als die Erzieherin wieder keine Zeit hatte, oder Mona wieder als Erste den Stuhlkreis eröffnen durfte, obwohl sie schon zwei Mal dran war! Oder wie traurig es war, als Papa heute wieder für mehrere Tage zur Arbeit gehen musste, wo wir doch gerade so schön gespielt haben.

- Auch Kleinkinder empfinden Frust, Wut, Enttäuschung oder Stress – und das muss irgendwie raus! Weil es durch Worte noch nicht oder nicht so gut geht wie bei Erwachsenen, brauchen Kleinkinder öfter das Weinen und Schreien als Ventil, um Dampf abzulassen. Wir wissen selbst, wie erleichternd es sein kann, ordentlich zu weinen oder zu schreien – all dem Stress mal Luft zu machen. Deshalb ist unser Job als Eltern nicht, Weinen oder Schreien möglichst schnell zu beenden, sondern das Kind im Umgang mit starken Gefühlen liebevoll und geduldig zu begleiten.

Notizen

4. Warum Grenzen wichtig sind

„Warum müssen wir Erwachsenen eigentlich immer die Spielverderber sein? Kinder machen doch so vieles von sich aus richtig. Sind die ganzen Regeln überhaupt nötig, oder machen wir damit den Kindern und uns Eltern völlig unnötig Stress?“

Neben den Stimmen, die uns warnen, dass wir aufpassen müssen, damit uns die kleinen Tyrannen nicht auf der Nase herumtanzen, gibt es auch die anderen, die der Meinung sind: Ohne Erziehung geht es viel besser. Verbote, Regeln, Begrenzungen – all das braucht man eigentlich gar nicht. Kinder haben ihren eigenen inneren Kompass, den sie nur nicht spüren, weil wir Erwachsenen durch unsere Grenzen ihnen die Möglichkeit dazu nehmen.

Das klingt schön, das Problem ist nur: Die pädagogische und psychologische Forschung zeigt sehr deutlich, dass das Gewissen, die moralische Erkenntnis und die Fähigkeit, sich selbst zu kontrollieren und zu begrenzen, sich erst langsam entwickeln und bei Kleinkindern kaum vorhanden ist. Wie schon beschrieben, können sie nicht die Perspektive anderer übernehmen und ihre Impulse viel schlechter steuern als Erwachsene. Auch der Umgang mit der Wahrheit und den Rechten anderer ist „flexibler“, als wir Erwachsenen es für richtig halten würden.

Deshalb brauchen die Kleinen Hilfe, um zu lernen, nicht nur das zu tun, was ihnen gerade passt, sondern auch, auf andere Rücksicht zu nehmen und gewisse Regeln zu berücksichtigen. Um mit anderen auszukommen, aber auch, um in unserem System zurechtzukommen. Denn unsere pädagogischen Einrichtungen sind nun einmal so, wie sie sind: dazu ausgelegt, möglichst vielen Kindern zugutezukommen, und aus Kostengründen leider häufig wenig individuell.

Es wird also erwartet, dass Kinder sich zumindest in gewissem Maße anpassen können. Das mag bitter klingen, aber anders funktionieren unsere Kindergärten und Schulen nicht. Studien zeigen deutlich, dass so, wie es bei uns aktuell läuft, noch einiges an Verbesserungsbedarf besteht. Ja, es wäre schöner, wenn wir mehr Personal hätten, sodass besser auf die Bedürfnisse des Einzelnen eingegangen werden könnte. Wenn Kinder mehr Freiheiten hätten, weil Entwicklung eben nicht linear und nicht bei jedem gleich verläuft. Und weil Eigenmotivation so unheimlich wichtig ist. Deshalb plädieren wir für deutliche Veränderungen in unserem Schulsystem und auch in den Kitas – und empfehlen dringend, dass immer mehr Eltern sich dafür einsetzen, indem wir diese Aspekte bei der Entscheidung vor der Wahlurne berücksichtigen oder uns vor Ort engagieren, beispielsweise in der Elternarbeit.

Aber momentan sieht es nicht danach aus, als würde es in naher Zukunft ohne ein ordentliches Maß an Anpassungsbereitschaft gehen.

Hinzu kommt: Dadurch, dass Kinder Grenzen als etwas Normales erleben, lernen sie auch den Umgang mit Frust kennen. Das ist wichtig, um mit Stress und Misserfolgen zurechtzukommen. Wer zu Hause nie an Grenzen stößt, wird wenig kompetent damit umgehen können, wenn diese auf einmal anderswo auf ihn zukommen – spätestens im Berufsleben wird das passieren.

Auch für die Entwicklung von Geduld, Ausdauer und Impulskontrolle ist es wichtig, dass Kinder mal ein ehrliches „Nein!" hören. Das hilft ihnen bei der Entwicklung ihrer sozialen Kompetenzen, die in allen Bereichen des Lebens wichtig sind, schulisch, beruflich und in zwischenmenschlichen Beziehungen.

Notizen

5. Welche Regeln und Grenzen gelten in unserer Familie?

„Meine Freundin legt total Wert darauf, dass ihre Kinder ordentlich und pünktlich sind. Mir ist es viel wichtiger, dass meine Kinder viel spielen und sich frei entfalten können – wobei mich das Chaos dann schon manchmal nervt."

„Als ich ein Kind war dachte ich, mein zweiter Vorname wäre *Nein*." So sollen sich unsere Kinder später nicht an ihre Kindheit erinnern. Und tatsächlich ist es so, dass zu viele Regeln und Verbote Kinder frustrieren und eher zu Regelverstößen ermutigen. Auch die Erwachsenen werden dann schneller inkonsequent, weil es im Alltag einfach zu stressig ist, ständig alles zu verbieten.

Deshalb sollten Eltern sich gut überlegen, welche Regeln ihnen wirklich wichtig sind. Um das zu entscheiden, braucht es ein Bewusstsein darüber, welche Werte eine besonders hohe Priorität haben sollen:

- Ehrlichkeit
- Zusammenhalt
- Freiheit
- Pflichtbewusstsein
- Rücksichtnahme
- Spaß
- Geborgenheit
- Privatsphäre
- Zuverlässigkeit
- Ruhe
- Spontanität
- Kreativität
- freie Entfaltung
- Erfolg
- Fleiß
- Hilfsbereitschaft

Sicher sind das alles wichtige und gute Aspekte, aber in jeder Erziehung werden bestimmte Schwerpunkte gesetzt, je nachdem, was den Eltern für die Entwicklung ihres Kindes am bedeutsamsten erscheint. Das heißt nicht, dass man andere Werte verzichtbar fände, aber man setzt Prioritäten, wie: „Ja, Freiheit ist mir für meine Kinder wichtig, aber noch mehr Wert lege ich darauf, dass sie Geborgenheit erleben und lernen, auf andere Rücksicht zu nehmen." Oder: „Ich möchte, dass meine Kinder gewisse Pflichten ernst nehmen, aber noch wichtiger finde ich, dass sie sich frei entfalten und kreativ sein dürfen."

Solche Werte sind zunächst noch recht unkonkret. Zu überlegen, welche einem besonders wichtig erscheinen, hilft, eine gute Grundlage für den nächsten Schritt zu entwickeln.

Das Aufstellen von Familienregeln

Ab einem Alter von drei bis vier Jahren ist es sinnvoll, die Kinder beim Aufstellen von Familienregeln miteinzubeziehen. Dabei setzt sich die Familie in Ruhe hin, hat ein großes Plakat und Stifte vor sich und überlegt: Welche Regeln sollen in unserer Familie gelten? Beispiele sind:

- Wir sind ehrlich zueinander.
- Wir behandeln einander freundlich und respektvoll, also wir beschimpfen einander nicht, und wir schreien den anderen nicht an.
- Wir sind in der Mittagspause leise, und jeder bleibt für eine halbe Stunde in seinem Zimmer.
- Die Betten werden sauber gehalten, nicht mit Schuhen betreten, und es wird darin nicht gegessen.

Dabei ist es wichtig, die Regeln positiv zu formulieren, also nicht „Wir machen nicht ...", sondern „Wir achten darauf dass ...". Um zu verdeutlichen, was nicht okay ist, kann das aber ergänzt werden („also nicht ...").

Die Regeln müssen konkret sein, nicht nur „respektvoller Umgang“ oder „Mittagspause einhalten“. Sie können je nach Bedarf ergänzt und verändert werden. Wichtig ist, dass es nicht zu viele sind: Bei Kindern bis etwa sechs Jahre sollten es nicht mehr als fünf sein, bei älteren Kindern nicht mehr als zehn. Es gilt also, sich gut zu überlegen, welche Punkte wirklich am wichtigsten sind, was du den Kindern beibringen möchtest, weil du es bedeutsam findest, oder weil es im Alltag sonst viel mehr Stress gibt. Gemeinsam wird danach besprochen, welche Konsequenzen Verstöße gegen die Regeln haben. Es sollte möglichst ein logischer Zusammenhang zwischen Verhalten und Folge bestehen, zum Beispiel: „Wer in Mamas Bett trotz Verwarnung isst, hat keinen freien Zugang mehr zu den Chips.“ oder: „Wer in der Mittagspause nicht leise ist, muss abends früher schlafen gehen, weil ihm sonst die Erholung fehlt.“ Manchmal gibt es keine logischen Folgen, wie zum Beispiel beim Beschimpfen. Legst du fest: „Wenn du mich beschimpfst, gibt es abends keine Geschichte, weil ich dann keine Lust mehr habe, dir etwas vorzulesen“, wirkt das schnell wie Liebesentzug. Das tut weder dem Kind noch dir gut. Wenn aber bestimmte Verhaltensweisen wie Anschreien oder Beschimpfen ein häufiges Problem sind, kannst du diese ab einem Alter von drei bis vier Jahren gut mit Belohnungssystemen angehen.

Notizen

6. Kindgerechte Aufforderungen geben

*„Mein Kind hört nicht, wenn ich es rufe.
Es spielt einfach seelenruhig weiter."*

Wenn dir das bekannt vorkommt, geht es dir wie vielen Eltern. Woran das liegt, erklärt Wilfried Brüning in seinem Film „Wege aus der Brüllfalle". Dabei bezeichnet er Kinder als „Hüllenwesen": Man könne sich die kindliche Wahrnehmung so vorstellen, als wären Kinder von einer unsichtbaren Hülle umgeben, in der sie sich möglichst frei und kreativ entfalten können. Diese Hülle hilft ihnen, sich ein Stück weit von der Erwachsenenwelt „abzuschirmen" und nur das wahrzunehmen, was für sie gerade wichtig und förderlich ist. Und wenn ein Kind mitten im Spiel ist, dann sorgt die Hülle dafür, dass es alles andere ausblenden kann, um sich voll und ganz darauf konzentrieren zu können. Diese Hülle ist wichtig, denn sie hilft Kindern, sich nicht zu sehr vom Erwachsenenstress anstecken zu lassen.

Sie hilft ihnen, wenn in der Realität gerade alles schiefläuft, sich trotzdem eine innere „heile Welt“ zu bewahren, in die sie immer wieder mal abtauchen können. Sie hilft ihnen, sich zu entwickeln, weil sie in „ihrer Welt“ alles sein können, was sie wollen. Sie ist ein Schutzraum inmitten der oft grausamen, kalten, realen Welt – und trotzdem für Eltern manchmal eine Herausforderung. Denn durch diese Hülle sind Kinder eben oft in „ihrer Welt“ versunken. Wenn sie dann gerade mit etwas Spannendem beschäftigt sind, dringen Botschaften wie „Komm essen!“ oder „Räum jetzt bitte auf!“ oft gar nicht richtig zu ihnen durch. Sie hören sie zwar, nehmen sie aber nicht wirklich wahr. Die Anweisungen prallen an der unsichtbaren Hülle ab.

Um zum Kind durchzudringen, reicht es also nicht, laut durch das Haus zu rufen. Eltern müssen sich die Mühe machen und:

- in den Raum gehen, in dem sich das Kind aufhält
- das Kind direkt ansprechen, Blickkontakt aufnehmen
- vielleicht auch kurz Körperkontakt herstellen, zum Beispiel durch eine leichte Berührung an der Schulter, um die Aufmerksamkeit des Kindes zu gewinnen
- das, was sie wollen, in einfachen, kurzen Sätzen ausdrücken

- keine Fragen stellen („Kannst du jetzt mal aufräumen?“), sondern klare, aber freundliche Bitten aussprechen und dabei nicht nur stumpfe Befehle geben, sondern das Kind in seiner Welt wahrnehmen, zum Beispiel: „Max, schön, dass du so gut gespielt hast. Wir wollen in zehn Minuten los. Räum jetzt bitte dein Zimmer auf.“

Notizen

7. Ausnahmen, Bedürfnisse und Kompromisse

„Meine Frau macht manchmal Ausnahmen, wovon ich gar nichts halte. Damit bringt man die Kinder doch völlig durcheinander, oder nicht?“

Bedeutet Konsequenz eigentlich, dass es nie Ausnahmen geben darf? Die erst einmal wenig konkrete Antwort lautet: Kommt darauf an. Worauf? Zum einen auf das Kind: Manche Kinder kommen mit Ausnahmen klar und verstehen, dass es nach dieser besonderen Situation wieder läuft wie gehabt. Andere kommen dadurch total durcheinander. Das ist eine Frage des Alters, aber auch des Charakters. Da kann man als Mutter oder Vater nur der eigenen Intuition vertrauen oder es einfach mal ausprobieren und es danach gegebenenfalls besser wissen.

Es kommt aber auch darauf an, aus welchen Gründen du eine Ausnahme machen willst. „Einfach nur so“ oder weil du heute bloß keine Lust hast, streng zu sein, ist meist keine gute Begründung. Dann fällt es dem Kind schwer, nach-

zuvollziehen, warum die Regel beim nächsten Mal dann wieder gilt. Wenn hingegen das Kind etwas sehr Belastendes erlebt (hat), zum Beispiel in der Schule fies geärgert wurde, starke Schmerzen hat oder aber auch etwas ganz besonders Tolles geschafft oder sich ganz besonders angestrengt hat, dann kann das ein Grund für eine Ausnahme sein. Das sollte aber tatsächlich selten vorkommen. Es ist wichtig, das klar zu kommunizieren: „Du weißt ja, eigentlich machen wir das so nicht. Aber heute machen wir eine ganz große Ausnahme. Danach halten wir uns wieder an die Regel." Wenn es am nächsten Tag Stress gibt, weil das Kind erneut eine Ausnahme einfordern will, kann man es erinnern: „Ich hatte dir gesagt, dass das eine Ausnahme war, und die gibt es nur ganz, ganz selten. Und wenn es danach Ärger gibt, dann können wir keine Ausnahmen mehr machen." Wenn das Kind trotz Verwarnung die Regel nicht einhalten will, solltest du für dich die Konsequenz ziehen, dass Ausnahmen offenbar zu verwirrend sind und ihr in Zukunft lieber darauf verzichtet – zumindest für zwei bis drei Monate, dann kannst du es noch einmal versuchen. Wenn Ausnahmen also mehr Stress als Freude bringen, solltest du Belohnungen oder kleine Trostspender anders organisieren, zum Beispiel durch besondere Aktivitäten oder kleine Geschenke.

Kompromisse helfen, sich zu einigen

Wichtig beim Setzen von Grenzen ist auch das Anbieten von Kompromissen. Wir kennen es ja selbst, dass ein „Das geht nicht, aber wir könnten …“ viel leichter zu akzeptieren ist als ein stumpfes „Nein!“.

Nicht immer gibt es einen Kompromiss, aber du kannst überlegen, zum Verbot eine Alternative anzubieten oder auf morgen zu vertrösten. Das zeigt dem Kind, dass du seinen Wunsch siehst und ernst nimmst. Besonders verdeutlichen kannst du das, indem du den Kompromiss vor den Augen des Kindes schriftlich festhältst oder den Termin in den Kalender einträgst. Bei älteren Kindern kann das sehr wirkungsvoll sein.

Vier Schritte der Konfliktlösung

Der Ansatz der „Gewaltfreien Kommunikation“ von Marshall Rosenberg ist in solchen Situationen sehr hilfreich. Dabei werden Konflikte in vier grundlegenden Schritten bearbeitet:

- **Beobachtungen**
  Im ersten Schritt wird die Situation neutral beschrieben, ohne zu werten, zum Beispiel: „Du möchtest noch weiterspielen. Ich habe gleich einen Arzttermin.“

- **Gefühle**
  Die eigenen Gefühle werden, ebenfalls ohne Vorwürfe, beschrieben: „Das fühlt sich für mich stressig an, weil ich Angst habe, den Termin zu verpassen.“

▸ **Bedürfnisse**
Die eigenen Bedürfnisse werden beschrieben. „Mir ist der Termin sehr wichtig, deshalb möchte ich nicht zu spät kommen."

▸ **Bitten**
Auf der Basis der vorherigen drei Schritte wird eine Bitte formuliert: „Deshalb bitte ich dich, jetzt mitzukommen."

Auf ähnliche Weise kannst du auch zuhören: Du formulierst, wie du die Gefühle, Bedürfnisse und Bitten des Kindes verstehst und ob du das richtig deutest.

Gerade bei jüngeren Kindern ist es hilfreich, so vorzugehen und auch Deutungen vorzuschlagen, weil die Kleinen ihre Gefühle oft noch nicht in Worte fassen können (nach Erklärung der eigenen Wahrnehmung und Bedürfnisse in den vier Schritten): „Ich verstehe, dass du wütend bist, weil du gern weiterspielen würdest. Stimmt das?" Wenn das Kind die Wahrnehmung bestätigt, mache weiter mit Schritt 1. „Es macht dir so viel Spaß, und du möchtest das gern noch etwas genießen. Ich kann dir den Wunsch dieses Mal leider nicht erfüllen, weil ich diesen wichtigen Termin habe. Aber wenn du willst, können wir übermorgen noch mal herkommen."

Notizen

8. Gute und schädliche Strategien, um Grenzen zu setzen

„Wenn mein Kind einen seiner Ausraster hat oder rumbockt und einfach nicht hören will, macht mich das richtig wütend. Manchmal bin ich so hilflos und genervt, dass ich anfange zu schreien und Dinge zu sagen, die mir hinterher leidtun. Einmal ist mir sogar die Hand ausgerutscht. Danach habe ich mich ganz furchtbar gefühlt."

Die „Don'ts" beim Grenzen setzen oder was gar nicht geht

Schlagen und Schreien

Gewalt in der Erziehung, egal ob eine Ohrfeige, ein leichter Klaps oder eine ganze Tracht Prügel, ist in Deutschland gesetzlich verboten. Das ist gut so, denn die Forschung zeigt deutlich, wie negativ sich Gewalt auf Kinder auswirkt. Sie leiden emotional darunter und werden früher oder später oft selbst aggressiv.

Interessanterweise hat das Anschreien eine ganz ähnliche Wirkung: Eine Studie von Pennsylvania aus dem Jahr 2013 zeigt, dass Kinder, die oft angeschrien werden, stärker zu Depressionen neigen und außerdem häufiger stehlen, lügen und gewalttätig werden. Das mag erst einmal überraschen, aber im Grunde ist diese Wirkung nachvollziehbar, denn Schreien ist eine Form von Gewalt, die Kindern Angst macht und ein aggressives Klima schafft.

Wenn Eltern Gewalt nutzen – körperlich oder durch Anschreien –, leben sie damit ihrem Kind vor, dass man durch Aggression mächtiger wird und wirkungsvoll Konflikte lösen kann. „Wenn ich mich durchsetzen will, dann eben mit Gewalt!" ist die Botschaft, die damit gesendet wird – wenn auch meist völlig ungewollt.

Natürlich nimmt ein Kind keinen langfristigen Schaden, wenn die Eltern gelegentlich in stressigen Zeiten mal etwas lauter werden und ihrem Kind sonst aber liebevoll und wertschätzend begegnen. Man darf annehmen, dass fast alle Eltern mal die Beherrschung verlieren und herumbrüllen. Und auch, dass Eltern die Hand ausrutscht, ist keine Seltenheit. Beides ist nicht gut und sollte auf keinen Fall zur Gewohnheit werden. Wenn es aber passiert ist, wird man

dadurch nicht automatisch zu einer schlechten Mutter oder einem schlechten Vater. Denn: Nobody's perfect. Das gilt auch für Eltern! Wir alle machen Fehler. Wichtig ist nur, solch ein Verhalten als Fehler zu erkennen, zuzugeben und daran zu arbeiten, dass es eine Ausnahme bleibt.

Konkret: Wenn du dein Kind wütend angeschrien oder geschlagen hast, solltest du dich bei ihm dafür entschuldigen und es damit wissen lassen, dass du so eigentlich nicht reagieren möchtest und das Beste tust, damit so etwas nie wieder vorkommt. Für Kinder ist es eine wertvolle Erfahrung, zu erleben, dass ihre Eltern sich entschuldigen können und bereit sind, sich für Veränderungen anzustrengen. Das erhöht die Motivation von Kindern, selbst am eigenen Fehlverhalten zu arbeiten.

Gut ist es auch, eigenes Fehlverhalten als Alarmzeichen zu sehen: Bin ich momentan extrem gestresst oder überfordert? Dann wäre es wichtig, auch zum Wohl des Kindes, Hilfe anzunehmen. Kostenlose und professionelle Beratung gibt es in Erziehungs- oder Paarberatungsstellen.

Die „Do's" beim Grenzensetzen: Erinnerungen, Ich-Botschaften, WERTSCHÄTZUNG, natürliche und logische Konsequenzen

Erinnerungen aussprechen

Es ist normal, Kinder an etwas erinnern zu müssen, denn sie leben oft in ihrer eigenen Welt und vergessen daher immer wieder Dinge, die für die Erwachsenen wichtiger sind als für sie selbst. Ihr Denken ist kurzfristiger, sie leben mehr im Moment und brauchen deshalb häufiger Erinnerungen. Daher solltest du es als normal betrachten, dass du dein Kind an bestimmte Dinge (Zähne putzen, Hände waschen, Licht ausmachen) immer wieder erinnern musst. Manchmal können kleine Hilfsmittel wie ein großer Zettel mit einer Glühbirne als Symbol für „Licht ausschalten" oder eine To-do-Liste mit Symbolen im Bad (Zahnbürste, Waschlappen, Toilette, Bürste) nützlich sein.

Ich-Botschaften statt Vorwürfe

Wichtig sind im Umgang mit Konflikten Ich-Botschaften: Wenn du aus Frust Aussagen wie „Nie machst du das Licht aus!" von dir gibst, wird das höchstwahrscheinlich Ab-

lehnung beim Kind hervorrufen, denn wir Menschen mögen es nicht, wenn andere uns Vorwürfe machen. Wir gehen dann fast automatisch in eine Verteidigungshaltung, und so bilden sich zwei Fronten. Viel besser ist es, bei den eigenen Gefühlen und Bedürfnissen zu bleiben (siehe dieses Kapitel „Gewaltfreie Kommunikation"), wie zum Beispiel: „Für mich ist es anstrengend, wenn ich dich immer wieder daran erinnern muss, das Licht auszumachen. Ich wünsche mir, dass du selbst daran denkst. Hast du eine Idee, wie wir das hinkriegen?" So wird deutlich: *Ich bin nicht gegen dich, sondern mir geht es um die Sache, und ich möchte mit dir gemeinsam eine Lösung finden.*

Wertschätzung

Der beste Weg, um Kinder zu einem veränderten Verhalten zu motivieren, ist, Kindern beizubringen, wie schön sich Erfolge, Harmonie und gegenseitige Unterstützung anfühlen.

Es ist also ratsam, dem Kind nach positiven Verhaltensweisen zu spiegeln, wie sehr es mit seinem Verhalten zum Wohl der Gemeinschaft beigetragen hat. Es lohnt sich deshalb, dieses Verhalten sehr aufmerksam wahrzunehmen, wertzuschätzen und anzuerkennen und immer auch das eigene Bedürfnis, das gestillt wurde, zu benennen. Wann immer das Kind also das, was sonst nervt, *nicht*

macht, sondern sich gut verhält (es muss noch nicht perfekt sein, eine Besserung reicht auch), darfst du diesen Moment nicht einfach verstreichen lassen, sondern solltest wertschätzen! Dann braucht das Kind die volle Aufmerksamkeit und sollte spüren, wie sehr sich Mama oder Papa freuen, dass es sich so verhält. Eine Wertschätzung ist beispielsweise: „Ich bin ganz glücklich, dass du gleich mitgekommen bist, obwohl du noch spielen wolltest. Darüber freue ich mich sehr (Gefühl), weil es mir so wichtig ist, dass wir pünktlich sind (Bedürfnis Pünktlichkeit). „Wie hat sich das für dich angefühlt?" Wichtig: Wenn man etwas hinterherschiebt wie „Warum machst du das nicht öfter?", wird die Wertschätzung wirkungslos, weil sich darin ein Vorwurf versteckt.

Manchmal werden in therapeutischen Prozessen auch Belohnungssysteme eingesetzt. Insbesondere in der Verhaltenspsychologie wird mit Stickern, Punktesystemen oder Smileys gearbeitet. Es kann schnell passieren, dass bei der Konzentration auf das Belohnungssystem die Beziehungsebene leidet. Für Kinder ist es noch schwierig zu unterscheiden: Lehnen meine Eltern nur mein Verhalten ab oder damit auch mich als Kind? So kann schnell ein Automatismus entstehen, in dem es nur noch um Punkte, Belohnungen oder Fehler geht, und das

Kind sich nicht mehr angenommen und wertgeschätzt fühlt. Auch für Eltern ist die richtige Einschätzung dann oft sehr schwierig – war das nun noch gut genug, um einen Punkt zu geben? Was ist mit dieser Sondersituation, das war nicht abgesprochen ...? Das Leben und der Alltag mit all seinen bunten Facetten lassen sich nicht in ein einfaches System pressen, und so führen solche Ansätze oft zu vielen Diskussionen, die das Gefühl von „Wir arbeiten als Team zusammen!" gefährden können. Auch besteht die Gefahr, dass Kinder nur auf Belohnungen hinarbeiten, jedoch nicht wirklich Einsicht geschieht und die intrinsische Motivation darunter leidet. Wenn die Belohnungen dann irgendwann ihren Reiz verlieren, steht man wieder ratlos vor dem Problem, und das Kind hat nicht wirklich etwas dazugelernt. Seine Bedürfnisse sind vielleicht noch immer nicht erfüllt – die intrinsische Motivation leidet. Daher raten wir eher dazu, das Kind mit anerkennenden Worten und dankbaren Rückmeldungen zu begleiten.

Durchaus in Ordnung ist, dies mit schönen Aktivitäten zu unterstreichen. Beispielsweise: „Du hast heute so gut geschlafen, darüber freue ich mich! Ich bin jetzt viel erholter nach der guten Nacht. Komm, das feiern wir und gehen heute ein Eis essen!"

Und was ist mit Konsequenzen?

Positive Reaktionen wie Lob und Belohnung sind immer besser und hilfreicher als negative wie Strafen. Tatsächlich zeigen Studien, dass Strafen in der Erziehung nicht oder höchstens sehr kurzfristig wirken. Kinder, die häufig bestraft werden (durch Verbote, etwas wegnehmen, Hausarrest oder Ähnliches), benehmen sich oft zu Hause besser, dafür woanders umso schlechter – gemäß dem Motto „Wenn die Katze aus dem Haus ist, tanzen die Mäuse auf dem Tisch". Das liegt daran, dass Strafen nicht zu Einsicht führen, sondern höchstens bewirken, dass ein Verhalten aus Angst vor den Folgen unterdrückt wird. Sie verhindern aber, dass ein Kind sich wirklich damit auseinandersetzt, warum das Verhalten schlecht ist – und das klappt nur so lange, wie das Kind befürchten muss, erwischt zu werden. Echte Einsicht und Gewissensbildung erreichst du mit Strafen nicht.

Der oben beschriebene Weg durch Wertschätzung, liebevolle Führung und gemeinsames Feiern hilft dem Kind, aus sich heraus zu handeln und sich weiterzuentwickeln.

Manchmal sind trotzdem Konsequenzen nötig – diese sind aber nicht mit Strafen gleichzusetzen. Konsequenzen sollten entweder natürlich oder logisch sein:

- Natürlich: Das bedeutet, dass die Konsequenz automatisch auf das Verhalten folgt. Ein Kind lernt nicht, die Eltern akzeptieren das, und das Kind bekommt eine schlechte Note. In dem genannten Beispiel ist es legitim, das Kind diese Erfahrung machen zu lassen. In anderen Bereichen ist dieses Vorgehen nicht empfehlenswert. So sollten Eltern nicht einfach zusehen, wie ihr Kind Karies bekommt oder krank wird, weil es stundenlang bei Minusgraden ohne Jacke herumläuft.
- Logisch: In solchen Fällen kannst du dir mit logischen

Konsequenzen behelfen. Diese stehen in einem Zusammenhang zum Fehlverhalten – sie folgen nicht automatisch, passen aber zu dem Verhalten, zum Beispiel:

- „Wenn du dich weigerst, die Zähne zu putzen, kann es keine Süßigkeiten mehr geben, weil du sonst Karies bekommst."
- „Wenn du nicht mithilfst, dein Zimmer aufzuräumen, kannst du kein neues Lego bekommen, weil wir hier sonst gar nicht mehr staubsaugen können."
- „Wer nicht zumindest ein bisschen Gemüse isst, kann keinen Nachtisch essen, denn der Körper braucht Vitamine, um gesund zu bleiben."
- „Wenn du jedes Mal, wenn der Fernseher ausgestellt wird, herumschreist, kannst du eine Weile nicht mehr fernsehen. Das stresst sonst alle zu sehr."

Konsequenzen sollten nicht ständig eingesetzt werden, sondern nur dann, wenn es nötig ist – vor allem, wenn das Kind sonst sich selbst schaden würde oder wichtige Bedürfnisse von anderen verletzt. Und: Du solltest immer erst versuchen, das Bedürfnis hinter dem unerwünschten Verhalten zu erkennen.

Wichtig ist bei logischen Konsequenzen immer: Ich lehne dein Verhalten ab, nicht dich. Ich kann nicht akzeptieren, dass du das hier machst, aber dich, mein liebes Kind, liebe ich von ganzem Herzen. Und gerade deshalb möchte ich mit dir zusammen eine Lösung finden.

Für uns Eltern ist das zumeist klar, aber Kinder verwechseln oft Verhalten und Person. Versuche deshalb, Konsequenzen, wenn sie nötig sind, sehr ruhig und nicht wütend auszusprechen. Und sage immer wieder dazu, dass du dein Kind lieb hast und auf seiner Seite bist.

Notizen

9. Umgang mit eigenen starken Gefühlen in der Erziehung

„Manchmal spüre ich so viel Wut in mir, wenn mein Kind sich mal wieder danebenbenimmt – ich weiß dann gar nicht, wie ich ruhig bleiben soll! Und natürlich handle ich dann nicht so, wie ich es mir eigentlich wünschen würde."

Wenn Kinder weinen oder schreien, löst das im Körper ihrer Eltern die Ausschüttung von Stresshormonen aus. Das ist evolutionär so gewollt, damit die Eltern sich um ihre Kinder kümmern, wenn sie Hilfe brauchen. An sich eine geniale Erfindung – im Alltag, wenn die Ursachen für das Weinen und Schreien aber in unseren Augen total unsinnig sind, oft ganz schön anstrengend! Denn durch diese Stresshormone fällt es ziemlich schwer, cool und gelassen zu bleiben.

Erst einmal eine wichtige Botschaft: Dass Kinderwut Erwachsene stresst, ist ganz normal! Die Frage ist nur, wie wir mit diesem Stress umgehen.

Wenn der Stress als Wut auftritt, hat das oft damit zu tun, wie wir die Situation einordnen, also wie wir das Verhalten des Kindes deuten.

In der Psychologie gibt es dazu ein einfaches Modell, das ABC-Modell:

- A: Auslöser
- B: Bewertungen
- C: Konsequenz (englisch: consequence)

Gemeint ist damit: Wie wir uns angesichts einer Situation fühlen, liegt nicht primär an der Situation selbst, sondern daran, wie wir sie bewerten. Ein Beispiel: Deine Schwester hat dich zum Essen eingeladen, kommt aber seit zehn Minuten nicht. Nun gibt es verschiedene Möglichkeiten, wie du das bewerten kannst, beispielsweise: *Sie wird mich mal wieder vergessen haben. Wahrscheinlich hat sie Wichtigeres zu tun oder hat einfach keine Lust auf mich.* Wenn du den Vorfall so deutest, wirst du Frust, Wut und/oder Enttäuschung empfinden. Du könntest aber auch denken: *Vermutlich ist sie mal wieder voll im Stress und schafft es nicht pünktlich. Ich warte mal noch fünf Minuten ab und genieße die Ruhe.* Das würde zu Entspannung, Gelassenheit und Zuversicht führen.

Zu einem gewissen Grad haben wir unsere Gefühle also

in der Hand. Ein schreiendes Kind bedeutet deutlich mehr Stress, doch auch hier entscheidet unsere Bewertung darüber, wie hoch unser Stresspegel ansteigt: Wenn du denkst: *Max wird echt zu einem Tyrannen. Dass er mal wieder so ausrastet, zeigt, dass er mich überhaupt nicht respektiert. Ihn interessiert nur, was er gerade will,* dann wirst du mit ziemlicher Sicherheit viel Frust und Wut erfahren.

Du kannst dir stattdessen auch selbst sagen: *Okay, ich weiß, dass Kinder noch nicht so rücksichtsvoll denken können wie Erwachsene. Und dass sie mit Wut noch ganz schlecht umgehen können. Er macht das nicht, um mich zu ärgern – er kriegt es gerade noch nicht besser hin!* Das würde eine ganz andere emotionale Reaktion auslösen. Du würdest dem Wutanfall mit mehr Ruhe und Gelassenheit begegnen.

Was passiert da gerade in meinem Kopf?

Es lohnt sich, mal zu beobachten, welche Gedanken dir in den Kopf schießen, wenn du auf dein Kind wütend bist oder andere starke Gefühle wie Enttäuschung oder Traurigkeit empfindest. Am besten schreibst du sie mal auf und schaust dir diese Notizen in einem ruhigen Moment an. Oft sind sie beeinflusst von eigenen negativen Erfahrungen aus der Kindheit oder Jugend oder auch von gesellschaftlichen Klischees wie *Ein bockendes Kind will seine Grenzen austesten!* Oder *Ein Kind, das nicht hört, hat keinen Respekt vor seinen Eltern!* Mit dem, was wir inzwischen über Kinder und ihre Gehirnentwicklung wissen, haben diese platten Sprüche meist wenig zu tun. Oft geht es um Ängste, dass die Kinder den Erwachsenen auf der

Nase herumtanzen oder keinen Anstand lernen. Wenn du dich aber informierst, wie Kinder ticken und warum sie manchmal so „unvernünftig" handeln, kannst du diese Ängste ganz schnell entkräften. Dann wird deutlich, dass wir oft an Kinder Erwartungen herantragen, die nicht zu dem passen, wie ihr Gehirn funktioniert. Übertriebene Erwartungen sind nicht selten ein Problem – zum Beispiel auch beim Kampf um die Ordnung im Kinderzimmer.

Tatsächlich fällt Kindern, auch wegen des noch nicht fertigen Gehirns, Ordnung und Struktur viel schwerer als uns Eltern. Deshalb brauchen viele Kinder und oft auch noch Jugendliche Unterstützung beim Aufräumen.

Im Kleinkind- und Grundschulalter bedeutet das meist: gemeinsam aufräumen und dem Kind konkrete Aufgaben zuteilen. Ab etwa zehn Jahren kannst du versuchen, dem Kind komplexere, konkrete Aufgaben zu geben („Räum dieses Regal aus und packe alles, was zu Lego gehört, in diese Box, was du nicht mehr brauchst, in diese, und alles andere in diese.").

In diesem Alter kannst du dich selbst oft schon etwas zurückziehen, solltest aber in regelmäßigen Abständen hereinkommen und Hilfestellung geben. Denn auch größere Kinder neigen dazu, schnell abgelenkt zu sein, wenn sie etwas finden, das sie gerade sehr interessiert.

Wenn du merkst, dass eigene Erfahrungen hinter den Bewertungen stecken und dass diese noch sehr belastend sind, kann es sinnvoll sein, dir professionelle Begleitung zu holen.

Auf diese Weise kannst du die eigenen Prägungen besser verarbeiten und dafür sorgen, dass sie die Gegenwart nicht mehr vergiften. Ansprechpartner sind beispielsweise Erziehungsberatungsstellen.

Tipps für das eigene Wut-Management

Sheila McCraith, selbst eine Mutter, die mit dem Problem „Wut“ zu kämpfen hatte, hat einen tollen Ratgeber geschrieben und zeigt darin, wie man lernen kann, mit der Wut besser umzugehen. Ihre **Tipps** kannst du direkt umsetzen, wie zum Beispiel die folgenden.

- Stelle dir das Kind in Momenten, in denen die Wut wächst, als Baby vor. Du kannst dazu auch Babyfotos an Stellen aufhängen, wo es oft Konflikte gibt. Dann machst du dir bewusst: *Mein Kind ist älter und größer als damals. Aber es ist noch immer ein Kind und damit noch immer genauso verletzlich, sensibel und schutzbedürftig wie damals! Dieses zarte Baby steckt noch immer in ihm.* Das hilft, geduldiger zu bleiben. Denn die Hemmschwelle, ein Baby anzuschreien, ist viel größer als bei einem bockenden Kind!

- Gehe ins Bad und die brülle die Wut in die Toilette. Klingt seltsam, tut aber gut und keinem weh! (Kleine Anmerkung: Das ist eher eine Notlösung; auf Dauer wäre es besser, das Schreien vor den Kindern ganz sein zu lassen.)

- Bei Kindern ab etwa drei bis vier Jahren: Mache ein geheimes „Codewort", mit dem sie Mama oder Papa daran erinnern, ruhig zu bleiben (Sheila suchte mit ihren Kindern das Codewort „Oranges Nashorn" aus). Das Tolle an dieser Idee: Man spricht mit den Kindern offen über das Thema „Wut" und lässt sie wissen, dass auch Erwachsene sich bemühen, besser damit umzugehen. Das stärkt auf Dauer die Motivation der Kinder, ebenfalls an ihrem Wut-Management zu arbeiten (aber nicht vergessen: Das ist für Kinder deutlich schwieriger als für uns!).

Es gibt weitere gute Techniken zur Selbstberuhigung, wie zum Beispiel:

- Lege die Hand auf den Bauch und atme tief in den Bauch ein und aus. Stelle dir dabei vor, wie du alle Wut im Bauch sammelt und dann beim Ausatmen herauslässt. Das Ausatmen darf ruhig laut und kräftig sein.

- Progressive Muskelentspannung: Diese Methode lernst du am besten in einem Kurs (zum Beispiel über die Krankenkasse), einen Einstieg kannst du aber auch über YouTube-Videos oder Bücher finden. Du spannst dabei nacheinander verschiedene Muskelgruppen an und lässt sie wieder locker. Damit hilfst du dem Körper, Anspannung abzubauen. Ein Beispiel: Balle deine rechte Faust und spanne den rechten Arm an. Zähle bis fünf, während du die Spannung hältst, dann lass locker und konzentrierte dich auf den Unterschied. Wie fühlen sich Hand und Arm jetzt an? Dabei kannst du dir vorstellen, beim Anspannen die Wut zu sammeln und beim Lockerlassen loszulassen. Die Übung mit Arm/Hand und Bein/Fuß geht auch gut zwischendurch mitten im stressigen Familienalltag.

- Selbstinstruktion: Suche eine bestimmte Aussage, die du dir in stressigen Situationen selbst sagst, wie beim Beispiel oben *Er kann es noch nicht besser. Also cool bleiben.* oder *Sie meint das nicht böse. Kein Grund, sich aufzuregen.* Manchmal reicht auch ein Wort, zum Beispiel „Reptiliengehirn“, als Erinnerung daran, dass Wutanfälle durch Kurzschlüsse im Gehirn ausgelöst werden, für die Kinder nichts können.

Notizen

Wir hoffen, dass die Informationen und Anregungen in diesem Buch dir helfen, Grenzen wertschätzend, klar und liebevoll zu setzen. Möglicherweise hast du aber noch Anmerkungen und Unsicherheiten, oder in der Auseinandersetzung mit den Inhalten sind neue Fragen aufgetaucht. Dann wende dich jederzeit an unsere professionelle *Online-Beratung auf www.elternleben.de*. Hier beraten wir dich gern kostenlos und individuell zu allen Themen rund um das Elternsein.

Notizen

Autorin Melanie Schüer

Melanie Schüer ist Expertin für Fragen rund um Schrei- und Schlafprobleme von Kleinkindern sowie das Kita-Alter. Für ElternLeben.de schreibt sie Inhalte für den Bereich Elternwissen und berät Eltern in der persönlichen Online-Beratung. Neben diesem Ratgeber hat Melanie Schüer auch den Ratgeber „Ich liebe Schlaf! Mein Baby auch! Ruhige Nächte für dein Baby und dich" verfasst.
Die erfahrene Erziehungswissenschaftlerin und Kinder- und Jugendlichenpsychotherapeutin ist Mutter von zwei Kindern und Autorin verschiedener Bücher für Kinder, Jugendliche und Erwachsene.Sie hat als wissenschaftliche Mitarbeiterin im psychosozialen Dienst des Universitätsklinikums Münster, als Erziehungsberaterin im Bistum Osnabrück sowie in der Poliklinischen Psychotherapieambulanz Osnabrück umfassende praktische Erfahrungen gesammelt.

Herausgeber ElternLeben.de

ElternLeben.de ist eine Online-Plattform für Eltern, die 2016 von der gemeinnützigen wellcome GmbH mit Sitz in Hamburg gelauncht wurde. Eltern erhalten damit ein fachlich hochwertiges digitales Angebot mit verlässlichen Informationen und geschützter, kostenloser Online-Beratung.

ElternLeben.de besteht aus einer Struktur, die sich individuell an die Nutzenden anpasst: Es gibt sechs Elternphasen, von der Schwangerschaft bis zum Leben mit Teenager, sowie sechs Lebensbereiche, von Entwicklung und Erziehung bis hin zu Partnerschaft. In vier Angebotsbereichen können sich Eltern auf der Plattform bewegen: Elternwissen (Artikel, Checklisten, Videos u. v. m.), Online-Beratung, Angebote vor Ort sowie der Bereich Häufige Elternfragen.

Im Shop können Eltern relevantes Wissen für wenig Geld in Form von Handbüchern oder Videoseminaren erwerben. Durch die Einbindung der regionalen wellcome-Kooperationspartner und anderer gemeinnütziger Organisationen können Eltern im Bereich „Angebote vor Ort“ direkt oder über die Online-Beratung hilfreiche Kurse, lokale Beratung und Anlaufstellen finden. ElternLeben.de ermöglicht so den Brückenschlag zwischen digitaler und analoger Welt.

www.elternleben.de

Die ElternLeben-Kollektion

Hat dir dieses Buch gefallen?
Innerhalb der ElternLeben-Kollektion bei migo entstehen weitere kompakte Ratgeber zu unterschiedlichen Themen des Elternlebens, die alltagstauglich die Fragen von Eltern behandeln – von der Schwangerschaft bis zum Leben mit Teenagern.

Melanie Schüer
Ich liebe Schlaf! Mein Baby auch!
Ruhige Nächte für dein Baby und dich
ISBN 978-3-96846-078-9

Übermüdung und Verzweiflung im Elternalltag vermeiden:
Einschlafschwierigkeiten oder gar Schlafstörungen? Wenn ein Baby nicht gleich einschläft oder mehrmals während der Nacht aufwacht, befürchten Eltern oft, dass irgendetwas mit ihrem Baby vielleicht nicht stimmt. In den allermeisten Fällen jedoch, ist häufiges Aufwachen Ausdruck der ganz normalen Schlafentwicklung eines Babys.

Nadine Büttner

Lass mich! Ich kann das schon allein!

Deinen Alltag mit Kleinkind meistern

ISBN 978-3-96846-079-6

Kindliches Verhalten verstehen und den Alltag anregend gestalten:
Durch das rasante Wachstum unserer Kleinkinder wird der Alltag in der Familie immer wieder verändert. Dies ist für viele Eltern eine Herausforderung und stellt sie oft vor neue Fragen: Was kann ich u. a. konkret tun, um mein Kind gut zu begleiten und dabei selbst nicht auf der Strecke zu bleiben?

Malena Böse

Endlich zur Schule!

Das Einschul-Abc für dich und dein Kind

ISBN 978-3-96846-080-2

In der „neuen Welt“ des Schulalltags zurechtfinden:
Der Schulanfang ist für Kinder und ihre Eltern eine aufwühlende, neue Zeit. Sie wirft auch gerade bei Erwachsenen, besonders am Anfang, viele Fragen auf: Wie wird der Unterricht gestaltet? Gibt es Hausaufgaben? Wie ist die Klasse, der/die Lehrer*in? Kommt mein Kind gut klar?

Bildnachweis

wellcome gGmbH/ElternLeben.de (Logos): Umschlag, S. 3, 11, 93

dglimages – stock.adobe.com: Umschlag (vorne), S. 2

Prostock-studio – stock.adobe.com: Umschlag (hinten), S. 10, 84

natalialeb – stock.adobe.com: S. 4

Song_about_summer – stock.adobe.com: S. 7

Dragana Gordic – stock.adobe.com: S. 9

STUDIO GRAND WEB – stock.adobe.com: S. 13

Tierney – stock.adobe.com: S. 14

AMR Studio – stock.adobe.com: S. 19

oes – stock.adobe.com: S. 20

oksix – stock.adobe.com: S. 25

nadezhda1906 – stock.adobe.com: S. 28

Bits and Splits – stock.adobe.com: S. 33

Konstantin Yuganov – stock.adobe.com: S. 35

Kristina89 – stock.adobe.com: S. 39

Maksim Kostenko – stock.adobe.com: S. 42

Krakenimages.com – stock.adobe.com: S. 48, 49

New Africa – stock.adobe.com: S. 54

liderina – stock.adobe.com: S. 56

Nomad_Soul – stock.adobe.com: S. 62

fizkes – stock.adobe.com: S. 64

Monkey Business – stock.adobe.com: S. 65

bakharev – stock.adobe.com: S. 66

Kristin Gründler – stock.adobe.com: S. 70

Drazen – stock.adobe.com: S. 75

strauchburg.de – stock.adobe.com: S. 78

anut21ng Stock – stock.adobe.com: S. 80

Melanie Schüer: S. 91